Conception de livre : Sandra Bottros
Traduction en français : Lauréne el Tahan

ST SHENOUDA PRESS
8419 Putty Rd,
Putty, NSW, 2330
Sydney, Australia

www.stshenoudapress.com

ISBN: 978-0-6451395-8-7

I0175831

SHENOUDA PRESS

"Qui es-tu ?" avait-elle crié.

Il faisait nuit et nous étions tous endormis à l'exception de notre mère. Je me suis réveillé au son de sa voix mais je ne pouvais pas voir avec qui elle parlait. J'ai entendu quelqu'un lui dire « Noufri, Le Seigneur veut que l'un de tes enfants le serve » Soudainement, j'ai pu voir une lumière très claire qui brillait, émanant d'une personne vêtue de blanc... C'était un ange qui parlait à notre mère !

Elle avait l'air très effrayée mais elle répondit docilement, « Ils sont tous là pour servir le Seigneur » A ma surprise, l'ange pointa du doigt Bishoy, mon plus jeune frère !

1

« Le Seigneur a choisi Bishoy, ton plus jeune fils, » lui avait-il répondu.

Elle essaya de convaincre l'ange de me choisir moi ou bien l'un de ses cinq autres fils, puisque Bishoy était le plus jeune d'entre nous et le plus faible.

Cependant, l'ange parla de nouveau et dit, « Le pouvoir du Seigneur sera révélé en Bishoy, malgré son jeune âge. C'est celui que le Seigneur a choisi pour le servir et pour être une lumière pour tous. »

Notre mère sourit à l'ange et elle hocha de la tête, et alors que les années passaient, je me souvenais toujours de ce que l'ange lui avait dit à propos de mon plus jeune frère Bishoy.

Quand mon frère, Bishoy, avait tout juste 20 ans, il nous a quitté pour rejoindre un monastère dans le désert. Il était difficile pour nous de le voir partir, mais en faisant cela il nous a donné une leçon, servir Dieu est la chose la plus importante. Il est allé là-bas pour devenir moine et dédier sa vie à la prière. Le professeur de Bishoy était un grand saint nommé Saint Bimwa, il l'a aidé à approfondir son amour pour Jésus. Au monastère, mon frère est devenu très amis avec un moine appelé Père Jean le petit, il était nommé ainsi parce qu'il était petit de taille. Un jour, Père Jean

s'est vu donné un bâton sec par Saint Bimwa, qui était aussi son père spirituel, et dit,
« Jean mon fils, plante le dans le sol et arrose-le chaque jour »
Même s'il était impossible à un bâton sec de grandir et de devenir un arbre en vie,
Père Jean continuait d'obéir aux instructions de son père. Il marchait durant plus
d'une heure jusqu'à la rivière pour chercher de l'eau puis retourner arroser le bâton.
Après trois ans d'arrosage quotidien, le bâton a miraculeusement commencé à
grandir, à faire pousser des branches et même des fruits ! Ceci est devenu une leçon,
pour tous les moines, sur les bénédictions de l'obéissance.

Plus tard dans la vie de Bishoy, un ange lui apparut et lui dit que le Seigneur voulait qu'il aille vivre seul dans une grotte voisine, pour qu'il puisse dévouer tout son temps à la prière et au jeune. Alors Bishoy obéi et alla dans la grotte qui existe encore de nos jours au Monastère de Saint Marie (El – Surian).

Bishoy passait de nombreuses heures chaque jour à lire et à étudier la Bilbe, comme nous le faisions à la maison lorsqu'il était plus jeune. Je me souviens de lui nous disant alors qu'il était venu nous rendre visite,

« Ma famille bien aimée, sans toutes ces fois où nous lisions la Bible ensemble

5

quand j'étais enfant, je ne n'aurais jamais l'aimer autant maintenant »

Son livre préféré de la Bible était Jérémie le Prophète dans l'Ancien testament. A chaque fois qu'il avait du mal à comprendre ce qu'il lisait, il priait pour que Jésus lui en dévoile le sens. Jérémie en personne apparaissait alors à Bishoy pour lui expliquer le livre !

Il passait aussi ses nuits entières à prier le Seigneur, jusqu'à ce que le soleil se lève le matin suivant. En effet, il attachait ses cheveux au plafond avec une corde afin de l'empêcher de s'endormir pendant qu'il priait dans la nuit

Tous ceux qui rencontraient Bishoy ressentait la paix et l'amour qui émanaient de lui, il était aimé de tous. Il avait prêt de 2000 disciples qui sont aussi devenus moines ! Il a alors été connu sous le nom d'Anba Bishoy, puisqu'il était leur père spirituel à tous. Sous sa direction, les moines vivaient joyeux dans des grottes autour de la montagne, priant et jeunant ensemble chaque jour.

C'était l'accomplissement de ce que le Seigneur avait promis à Anba Bishoy. Il lui était apparu une fois et lui avait dit, "Bishoy mon bien aimé, cette montagne sera peuplée de milliers de moines bénis sous ta direction." Les moines se rassemblaient autour de lui comme des abeilles autour du miel,

pour écouter ses enseignements à propos de Jésus. Lorsque les autres moines m'ont appris cela le concernant, je me suis souvenu à quel point il était toujours un exemple pour ses amis à l'école, il leur enseignait à aimer Dieu de tout leur cœur. Même à la maison il rassemblait toujours la famille pour prier chaque nuit, alors qu'il était le plus jeune.

Il continua à grandir dans la grâce alors qu'il accomplissait le commandement, "Jusqu'à ce que nous soyons tous parvenus …à la stature parfaite de Christ » (Eph 4 :13). Il attirait même à lui les pauvres et le nécessiteux par sa grande générosité pour eux. Bientôt Anba Bishoy serait connu comme "le Bien Aimé du Christ"

En vivant sur la montagne et en passant son temp avec Dieu, Anba Bishoy ne prêtait aucune attention à l'argent ou à toute autre richesse, puisqu'il était riche de l'amour de Dieu. Un jour, une personne riche lui amena une grande quantité d'or et d'argent. Dieu avait prévenu Anba Bishoy que cela arriverait, et qu'il s'agissait d'un piège du démon. C'est pourquoi, sachant que ces richesses l'éloigneraient de l'adoration de Dieu, il refusa même de regarder les pièces lorsque l'homme les lui amena.

Il dit à l'homme riche de prendre son or et son argent et de le donner

au pauvre. L'homme était choqué de voir Anba Bishoy refuser toute cette richesse. Après une longue discussion, l'homme riche accepta et s'en alla donner les pièces d'or et d'argent aux pauvres.

Une fois le riche homme parti, Anba Bishoy retourna dans sa grotte et il y trouva le démon frustré disant « Bishoy ! Tu ruines toujours mes pièges avec ton humilité ! » Anba Bishoy répondit, " Dieu soutient Ses enfants contre tes pièges ! Je choisi de suivre le Seigneur, qui est bien plus précieux que n'importe quelle quantité de pièces d'or ou d'argent. »

Anba Bishoy était un père spirituel aimant pour ses moines qui vivaient dans des grottes autour de lui. Lorsque l'un de ses disciples pêchait, il continuait de prier pour lui jusqu'à ce que ce disciple se repente. Il priait pour eux chaque jour pour qu'ils demeurent fidèles à Dieu, et pour qu'ils grandissent dans leurs vies spirituelles. Une fois alors que deux moines passaient devant la grotte d'Anba Bishoy, ils ont entendu une deuxième voix. Sachant qu'il vivait seul dans sa grotte, cela était vraiment étrange ! En s'approchant de la grotte, ils ont entendu ces mots,

" N'ait pas peur Bishoy mon bien aimé. Je serai toujours avec toi. J'ai été témoin de ton

labeur et de ton amour constant pour Moi. Je te garantie que quiconque priera, en demandant ton intercession, verra ses prières exaucées."

C'était le Seigneur Jésus qui était présent avec lui dans sa grotte !

Anba Bishoy répondu, "Mon Seigneur Bien Aimé Jésus, Tu as souffert pour moi et pour le monde entier. Tu as été crucifié, tu es mort et ressuscité pour notre salut. Je suis celui qui a besoin de te remercier d'avoir entendu mes prières."

Les moines étaient stupéfiés en entendant qu'Anba Bishoy était en la présence du Seigneur.

Après avoir appris que Jésus était apparu à Anba, les autres moines voulaient aussi le voir. Ils ont demandé à Anba Bishoy de prier pour qu'il demande à Jésus de les bénir avec une apparition. Ils l'ont supplié, « S'il te plait demande au Seigneur de nous apparaitre. Nous aussi nous voulons le voir ! ».

Anba Bishoy avait répondu qu'il demanderait au Seigneur pour eux. Plus tard dans la journée il entra dans sa grotte et pria, « Seigneur, merci pour Ton amour. Tes fils les moines souhaitent te voir. S'il te plait montre toi à eux et réjouis leurs cœur" Immédiatement le Seigneur promis de venir à un moment précis au sommet

de la montagne, juste pour les moines. Les moines étaient tellement excités lorsqu'Anba Bishoy leur a appris la nouvelle !

Une fois que ce jour fut arrivé les moines se précipitèrent pour se rendre au sommet de la montagne pour voir le Seigneur. Pendant qu'ils accouraient, ils croisèrent un vieil homme malade sur le chemin qui voulait aussi allait voir Jésus. "Désolé, nous n'avons pas le temps de vous aider pour le moment. Nous avons besoin de voir Jésus », ont dit les moines en passant rapidement devant lui. Ils ont tous ignoré le vieil homme et ont continué à courir, espérant voir Christ.

Cependant, Anba Bishoy, ayant vu ce ville homme, le souleva sur ses épaules et se mit à le porter en haut de la montagne. Etrangement, l'homme devenait de plus en plus lourd et Anba Bishoy ne pouvait pas continuer plus loin. En s'arrêtant pour reprendre son souffle, il regarda les pieds de l'homme et resta en admiration... Il y avait 2 plaies sur ses pieds ! C'était le Seigneur Jésus en personne qu'il portait ! Anba Bishoy se retourna vers Jésus et dit, "Mon Seigneur, comment un pêcheur comme moi peut-il te porter, Toi le Créateur des Cieux et de la Terre ? » Le Seigneur lui répondit avec douceur "Tu t'es arrêté pour me porter, mon cher Bishoy, alors que

les autres étaient trop occupés pour m'aider. Puisque tu M'as porté, ton corps restera intact après ta mort, et ne se décomposera jamais."

Quand les moines n'ont pas trouvé Jésus au sommet de la montagne, ils étaient très déçus. Anba Bishoy leur expliqua, "Le vieil homme devant qui vous êtes passés en courant était Jésus en Personne. Souvenez-vous ce qu'il est dit dans Matthieu 25 :35 'Car j'ai eu faim, et vous m'avez donné à manger …j'étais étranger et vous m'avez recueilli ' Jésus se trouve chez chaque personne faible ou malade qui a besoin d'aide. » Les moines se sont repentis et ont glorifié Dieu pour cette leçon.

Il y a eu une autre occasion durant laquelle Anba Bishoy avait vu un homme qui revenait d'un long voyage et qui était très fatigué par la marche. Alors il lui demanda de faire une pause à sa grotte, il a permis à l'homme de se reposer, il lui a enlevé ses sandales et a commencé à lui laver les pieds. Même si Anba Bishoy était le père spirituel de milliers de moines, il avait toujours l'amour et l'humilité de laver les pieds des étrangers ! Pendant qu'Anba Bishoy était en train de laver les pieds de l'étranger, il entendit une voix familière qui disait « Bishoy mon élu, tu es un servant fidèle ! » Apes cela l'homme disparu. Anba Bishoy su immédiatement que cet homme était de nouveau le Seigneur!

Il le reconnut et sentit la paix et le réconfort dans sa voix. Anba Bishoy offrit l'eau dans laquelle il avait lavé les pieds de Jésus aux autres moines pour qu'ils la boivent afin d'en recevoir la bénédiction.

Tout au long de la vie d'Anba Bishoy, le Seigneur a continué à se révéler à lui et à lui parler physiquement, à cause de son grand amour pour lui. Alors qu'Anba Bishoy continuait à grandir dans la spiritualité et dans son amour pour le Seigneur, il a attiré à lui encore de nombreux fidèles jusqu'au désert pour adorer Jésus et Lui consacrer leur vie en tant que moines.

Anba Bishoy n'était pas seulement un homme béni, mais il était aussi un très bon enseignant ! Il y avait un moine qui vivait dans une ville nommée Epsi, dans la haute Egypte. Cet homme avait commencé à prêcher de mauvais enseignement au sujet de la Sainte Trinité, n'enseignant pas que Dieu est le Père, le Fils et le Saint Esprit. Cela causé de nombreux problèmes dans l'Eglise alors Jésus demanda à Anba Bishoy d'aller dans cette ville et de corriger cet enseignement.

Alors, il fabriqua un panier à trois anses et l'emporta avec lui. Le moine qui diffusait un enseignement incorrect accueilli Anba Bishoy avec des centaines d'autres moines. Plusieurs d'entre eux remarquèrent le panier à trois anses et étaient curieux

à ce sujet puisqu'ils n'avaient jamais rien vu de tel. Anba Bishoy leur expliqua que le panier était un exemple de la Sainte Trinité étant Un seul Dieu. De la même manière qu'il ne s'agissait que d'un seul panier, avec trois anses, il n'y a qu'Un Seul Dieu avec le Père le Fils et le Saint Esprit. Les moines étaient stupéfiés par ses mots et se sont écriés "Mais Oui Anba Bishoy, le Père, le Fils et le Saint Esprit sont Un Seul Dieu ! »

Ils l'ont supplié de leur en apprendre plus au sujet de la Sainte Trinité, Alors Anba Bishoy partagea des versets de La Bible avec eux en les expliquant d'avantage

C'est le 15 Juillet de l'année 407 après Jésus Christ, que notre sauveur rappela à lui l'âme d'Anba Bishoy.

Des années plus tard, son corps pur a été transporté dans un grand cercueil à un monastère qu'ils ont nommé par son nom. C'était un jour plein de joie et de célébration. Le nombre de moines vivant dans le désert avait grandi, alors ils ont décidé de construire un grand monastère en ce lieu à son honneur.

Lorsque des moines du monastère d'Anba Bishoy (dans un lieu appelé Wadi El-Natroun) ont découvert son corps des années après sa mort, il avait exactement

21

le même aspect que lorsqu'il était en vie. Le Pape et les moines étaient stupéfiés et se demandaient comment ne s'était-il pas décomposé ! Il en était ainsi, exactement tel que notre Seigneur Christ lui avait promis lorsqu'il l'avait porté sur la montagne. De nombreux miracles ont été accomplis par son corps et par ses prières. En regardant en arrière, je n'aurai jamais imaginé que mon plus jeune frère Bishoy deviendrai un Saint. Je comprends désormais que peu importe l'âge ou la taille, le Seigneur invite ses enfants à Le servir et devenir des saints, comme Anba Bishoy !

LA FIN

www.ingramcontent.com/pod-product-compliance
Lightning Source LLC
Chambersburg PA
CBHW080857090426
42736CB00016B/3213